Lucciole appese al Cielo

“Le mie Preghiere”

Melluccia Stella

Lulu Press

3101 Hillsborough St.,

Raleigh, NC 27607 | U.S.A.

ISBN : 978-1-291-61489-3

Info: www.irdaedizioni.com

Ordini:

www.amazon.com

www.amazon.it

www.lulu.com

Copertina: realizzata da Cristian Verdesca

Direttore editoriale: Francesco Luca Santo

Lucciole appese al Cielo

“Le mie Preghiere”

Melluccia Stella

Dedico questo Libro ai miei Figli
e a tutti i bimbi
per dare loro un sorriso Reale...

BIOGRAFIA

Mi chiamo Meluccia Stella, nome fantasioso per Sentire ancora più vicina la luce delle Stelle.
Vorrei solo Colorare parte del Cielo, essere un vivo Pensiero e dare forma alla mia vera Creazione...
Sono una piccola scrittrice cresciuta col Tempo, ove le mie Parole nascono come un Seme.
Ho ascoltato il mio Cuore e sono Cresciuta per posare parte del Valore acquisito, come se fosse Aria da aprire sotto questo Immenso Cielo.
Raccolgo solamente la mia espressione e con Ali di carta voglio posare la mia Crescita, di questa mia Evoluzione...
Sono Nata a Licata (AG.) il 16 03 1962, vivo nei pressi di Milano dal 1982.
Sposata con due meravigliosi figli, che Amo Immensamente più di me stessa.
Ho iniziato a scrivere da piccolina come se fosse un gioco, tra pensieri e parole sospese...
Da qualche anno ho Avuto una Crescita nel modo di esprimere la mia vera poesia, Afferrando il vero valore come un Nutrimento dell'Anima, Assaporando la via Celestiale come forma della mia Nuova Vita ed è per questo che ho voluto scrivere tutto ciò che sento come Verità, lasciando solamente il profumo della mia semplicità, non di grandezza, ma l'essere Naturale per tutto ciò che il mio pensiero Coglie come forma personale...
Vorrei solamente esprimere la mia scrittura per come la sento,

senza cambiare forma o versione della Logica, anche il mio modo di scrivere parole in lettere maiuscole nonostante non ci sia la punteggiatura.
E' un mio modo per esprimere la Grandezza della frase o della stessa Parola, solo così potrò vedere il mio modo espressivo libero di arbitrio, non essere giudicata, ma solamente letta con Naturalezza della mia Crescita nonostante la mia poca cultura.
Vorrei solamente volare con Ali di carta e esporre i miei pensieri, come forma di struttura Universale verso il vero Valore... Creazione della mia logica senza pensare che sia Creduta, ma solamente essere verità della mia vita, nata come leggiadra Poesia, fatta di pace e pensieri rivolti al Cielo, Preghiera Poesia in forma di Reale vita!

PREFAZIONE

Queste pagine, che raccolgono un'ampia messe di pensiero, testimonianza e versi, offrono parecchi spunti a quanti, sentendo il desiderio vivo di pace dentro se stessi, vogliono approfondirne il significato.
Sono fessure di luce per chi ha la vista appannata, confusa da una concezione della pace e dell'amore troppo semplicistica. Sono come rocce che sostengono chi sente l'isolamento per un impegno superiore alle sue forze. Sono chicchi di grano per il nutrimento di chi spera e vuole vivere pienamente i valori della tolleranza, della mitezza e del dialogo, cercando di diffondere intorno a sé l'esempio.
La raccolta di Meluccia Stella è un seme gettato nel più profondo ecumenismo e dialogo con la Divinità. Una ricerca della pace trascendente, quella pace Divina che può condurre gli uomini alla pace umana, sociale e naturale, cominciando da se stessi per poi arrivare a Dio, unico e solo padre del Creato.
Gesù mai parlò di convertire ma disse: *"andate in tutto il mondo e predicate la buona novella ad ogni creatura"* (Marco 16,20) Egli parlava di testimonianza di parole e atti di carità, amore e pace.
Nessuno può fare della religione un pretesto per guerre o ingiustizie ma, al contrario, con la religione possiamo dare voce alla pace affinché diventi vita, scrittura, poesia ...

La speranza che avvolge l'intera silloge è immensa e allontana da ogni pessimismo. Una speranza che scioglie anche i cuori più duri e gli animi più freddi. In ogni verso risuona un canto, quello della pace non come sogno, utopia ma realtà viva che bisogna costruire giorno dopo giorno per essere capaci di sognare.

A MANI NUDE TOCCO IL CIELO

Accade che la vita si apre come un Giglio,
si apre come un violino,
musica e tanto colore sparso,
per vedere l'essenza della vera vita.
Colori aperti, come se,
tutto fosse poesia e musica,
unico colore aperto al Cielo.
Viole del pensiero aperte
alla legge del Cielo.
Un vivo pensiero che attraversa
le onde del mare,
per sentire vivo il potere della mente.
Aria pura fatta di nuvole...
E poi un fiore arriva come un dono,
Colori aperti per vedere germogliare
i valori Celesti del sorriso,
il cuore gioioso e pieno di parole,
aperte per la vita
e il passaggio della Creazione fantastica...

.

ACCAREZZARE LA PACE E L'AMORE

Questa sera Madre una preghiera
per tutti coloro che soffrono,
per la vita che perde valore.
Nutrire il corpo con la preghiera,
dare sviluppo alla vita reale,
accarezzare la pace e l'amore
che ci hai donato.
Una pace che attraversi l'organo della vita,
avere un rapporto speciale con la natura
posta a noi come vita reale
e poi soffiare alle falsità
per vedere un sorriso sopra un prato verde,
donare e avere la speranza di trovare pace
in tutti coloro che credono alla vita.

ADORO TE

Alla nascita un sole posava il suo amore,
era poesia fatta di vita e colore,
posava un fiore sul mio giaciglio.
Colorava la mia stanza di verde
e poi ascoltavo la sua musica…
Non era poesia falsa, no!
era una pace che nasceva
sotto la mia costola,
era un candido velo,
avvolgeva la mia vita e poi,
una vita nasceva come un sole,
posava chicchi di grano........

AFFERRA LA VITA...

Afferra la vita come fosse poesia,
colora la vita come fosse aurora viva
e poi un soffio di pace
attraversa l'organo della vita.
Colori vivi per vedere il sole,
colore aperto alla vita
per afferrare la giostra della vita.
Candele accese per vedere un sorriso,
là, dove un fiore nasce
e la vita si colora di piccole perle,
adagiate sono le speranze
e poi un canto nasce
al vero posizionamento.
Sopra campi di grano
aperti allo sguardo perso
per donare trasmissione di pace,
un chicco di grano tra le mani
per vedere risorgere la vita propria...

AGISCE LA VITA COME SCUDO

Agisce la vita come scudo
per vedere nascere solo poesia,
candore di volontà
per donare un sorriso
sopra carta bianca.
Un poema come scultura Universale
che sia un vero sbocco
di ricreazione per la vita,
una struttura monumentale
che possa prendere vita
sopra campi di grano
e attraversare l'aria
come fosse poesia viva.
Colorare le betulle di amore naturale
e con la forza della vita
agire dentro un *locro* mai partito,
sia costanza e volere sempre
per trovare la strada del ritorno,
sia pace e poesia per aprire
angoli pieni di vita,
colore aperto
sotto questo cielo pieno di luce,
colore aperto per la Gloria del Padre.
Un canto che sia giustizia
sopra le offese e piccoli sassi
da tenere lontano dalla Natura Madre.

ALA DI VENTO...

Un'ala si apre al vento,
si posa sopra la sorgente della vita,
una sola ala per aprire la speranza
e poi colorare l'immenso spazio.
Un'ala si colora al cielo,
prende vita ove un colore
pare essere immenso.
Oggi ho visto il cielo,
era dipinto di colori nuovi.
Una luce era accesa
ed io guardavo con stupore
ma ero felice,
da una parte c'erano nuvole
di colore rosa fuxia,
dall'altra parte erano rosso amaranto,
poneva un viso che guardava
oltre il suo colore immenso.
Poi mi ero fermata con lo sguardo
mentre la macchina correva,
ed io ero ancora più gioiosa,
vedevo il cielo scritto
della sua vera misericordia.
Diceva cosi: Esisto! questa é la casa di Dio
Dona Pace Ciao.......
Tutto era reale,
persino il colore che posava la sua lode,

in mezzo ai colori traspariva l'azzurro,
ma era molto diverso dal solito,
era come il Manto di Mia Madre.

ALBA

L'alba nasce col tramonto,
si pone come risveglio
si divulga come rondini....
Un raggio attraversa il confine,
posa una piccola perla
sopra mani nude
e poi si avvolge come un violino,
musica di aria pulita
ondeggia come un sospiro,
nasce come un bocciolo di rosa gialla
per vedere solo il suo colore,
attraversa strade piene di sassi
e poi si leva il vento....
Un sorriso appeso come un raggio
per vedere nascere un candido porticato
ove la vigile attesa rimane
come un fiore sbocciato,
sotto lo sguardo da spettatrice incosciente
ma piena di vita virtuale.
Agisce il velo della coerenza
e poi si divulga come chimere....
Vola al cielo uno statuto nazionale
per vedere trionfare solo pace,
possa il velo sostenere ancora
questa mia visura
e piano piano, rinascere dentro me stessa,

piena di pace e senza malizia,
solo con lo spirito rivolto
verso quel confine aperto alla mia sola partita.

ALEGGIA LA SORGENTE DELLA VITA....

Alla vita un tocco di magia,
possa risvegliare l'intimo che dormiva,
un solco di circostanze
per aprire una nuova veduta.
Un sussulto di pace
che sia come una primavera,
sboccia come un fiore di campo.
Lunga è la semina
ma se un viso scappa nulla vale un concerto
nemmeno il fiore ha valore,
solo uno spunto e poi vola via
come un raggio di sole,
attraversa il confine
per donare e non per volere.
Solo uno scambio di questo valore,
un canto che sia una donazione,
afferra la tua mano e l'accarezza,
ma solo se ricambio questo gesto universale,
un solco non esiste se apri il cuore tuo,
ma un invito a credere
che la vita apre le braccia solo se vedi
il suo immenso valore.
Creare un attributo non vale se poi scappi lontano,
sono piccole perle da coltivare
e piano piano si aprono solo col tuo calore.....

ALEGGIA UN SOLE PIENO DI COLORE

Possa la vita
reggere tutti gli sconforti
e con l'Amore del Creato
diventare tutti Buoni,
a questo pensiero
aleggia un sole pieno di colore.
Possa la vita risorgere
sopra ogni cosa
e che il bene
possa superare ogni avversità,
siano pure grandi o piccoli
poco importa,
ma sempre con la fede
al cuore proprio
e tanta stima per se stessi.
Un canto Beato
che possa accarezzare tutto il mondo!
La vita, la gioia,
e sempre tanta forza
per superare le avversità.

ALI DI CARTA

Poserò le mie ali sopra l'oceano
ove un suono mi porta via,
tra la pace e onde.
Volerò come una farfalla
per posare le mie ali di carta
sopra un confine proibito,
lascerò scendere l'acqua sulla mia pelle
per vedere un solo risveglio.
Una canzone sopra una croce
per vedere il suo sorriso,
ove il pianto si apre
ma solo per la gioia infinita.
Un volo verso il vero valore
per vedere fiumi di pace
attraversare un continente
che pareva essere lontano.....

ALLA LEGGE DEL PENSIERO UNA CAREZZA

Alla legge del pensiero una carezza,
che possa aprire solo il valore vero
della propria stima.
Un pensiero pieno di sviluppo
che possa portare alla vera sorgente,
un sapore dai mille gusti
per poi decidere da soli
il vero valore della propria giustizia.
Una piuma aleggia alla frontiera
del mio pensiero
sopra campi di grano.
Un fiore che porti solo lo sviluppo
del proprio pensiero,
uno stimolo di coscienza che si apra
verso un valore vero,
quello del nutrimento della propria anima.
Un augurio a tutti i fiori sparsi
lungo questo percorso di vita naturale
e un soffio di vento verso il dolore che preme,
un seme sparso sopra il cielo
apre una vera posizione,
non un valore nascosto
ma solo il vivo pensiero di nutrire
di questo seme.
Alla legge del pensiero una carezza
che possa aprire campi di grano

dentro ad ogni giardino,
solo stima e pace interiore
che porti sviluppo e benessere
dentro ad ogni pensiero che si era perduto.

ALLA LUCE DEL SOLE UN CANTO BEATO

Oggi sono sposa e Madre
sono pupilla aperta per la Gloria,
sono un vulcano aperto
per esplodere con mani aperte al Cielo.
Canto la mia lode e la Resurrezione
della pace aperta al cuore mio,
Canto al mio Amato tutto il mio valore,
Aperto è il suo *locro*,
Aperto è il vivo pensiero che aleggia
come un vero sviluppo e Ricreazione personale.
Vive in me e per la vita,
nutre lo Spirito e la viva voce,
commiserazione Padre Mio
per la mia poca fede,
Commiserazione per il canto trattenuto.
E poi ascolto la voce come tributo
per essere nata dentro me stessa,
ma con un Amore Reale per la tua sola vita.
Padre del Cielo Amore Mio
sei un canto Aperto sopra l'immensità
della reale vita,
sei fiume che porta da bere agli assetati,
sei Misericordia aperta alla Reale vita.
Commiserazione Padre Mio
per aver Creduto che il tuo Amore fosse lontano.
Asciugo il tuo dolore e con la mia anima aperta

canto a te la mia vera Pace,
che sia un ringraziamento per l'eterna vita mia.
Padre io Ti Amo!

ALLA MENSA DEL NOSTRO SIGNORE

Alla mensa del nostro Signore
il rispetto deve prevalere,
un sospiro deve aprire la propria anima.
Una sola è la sua Misericordia
la vita che posa rispetto per l'essere umano,
un rispetto dona la stessa posizione,
si germoglia con Amore naturale.
Esiste la virtù e la trasmissione
di essere leali,
esiste l'organo vitale per rafforzare
la propria stima,
esiste la libera scelta
del proprio comportamento.....
Ma se pensate a questo immenso valore
pensate anche alla reale vita,
non come progresso inventivo
ma come stima della propria vita,
una vita apre la veduta,
apre la vita propria per ciò che si ha donato.

ALLA NASCITA DEL SOLE

Un ricordo mi porta lontano
ove il sole nasceva per posare un raggio,
un bel calore che scaldava la terra Madre.
Una piena virtù piena di lode e pace,
un sussurro si apre alla mia corte
vuole posare pietanze e pace
ove il cuore si chiude
fronte alla nascita del sole.
Una storia da ripassare,
come se io fossi una piccola scolara
e con tanta gioia aprire la pace
ove il cuore si chiude,
un solo augurio di rinascimento
ove la vita perde valore,
ove il dubbio prevale
e con parsimonia aprire angoli di luce
per posare una spiga di grano.
Che sia crescita o rinascita poco importa,
ma essere pieni di virtù
può solo regalare amore naturale,
un risveglio che dona la speranza
per vedere nascere solo orgoglio personale.
Una crescita esiste
se il cuore si apre verso la vera nutrizione,
pace al cuore e povertà della veduta,
un solo principio
per vedere nascere poesia e musica

senza pensare ad un abuso,
ma solo ad un risveglio del proprio essere.
Possa questa mia poesia essere solo organza
per vedere un sole dentro ad ogni cuore...

ALLA NASCITA DELLA VITA...

Alla nascita della vita il sole scaldava i cuori,
donava Pace e Amore
e poi la vita pareva essere una regola d'arte,
era un trionfo per la natura,
era la lode aperta al cielo....
Una pace che donava Amore Puro.
Poi il valore si perdeva
perché la vita creata voleva solo benessere
e cosi il valore si perdeva.
Uno solo era lo sviluppo della vita,
l'amore e il pensiero pulito,
e poi il valore svaniva
solo perché si è dimenticato il vero valore,
l'Amore!

ALLA SERA UN SALUTO A MARIA

A te Madre del cielo il mio sorriso,
possa la mia lode attraversare
strade pieni di fiori,
porre sul tuo Manto dorato
petali di rosa,
per coprire tutto il tuo essere
del tuo stesso profumo.
A te Madre il mio saluto,
penso solo al tuo vero valore
e con molta gioia
accarezzo il tuo Manto,
per toccare il colore dell'amore.
Possa la mia lode
portare a te il mio canto vero,
un canto che sia pieno di riso,
per vedere nascere un seme
sopra una terra lontana.....

ALLA VITA UN VERO VALORE...

Un vero argomento per esibire
parole piene di Realtà!
Nasce come sfogo personale e Canta la Pace...
Sono Sillabe che prendono valore
come acqua viva,
e poiché il vento porta lontano
mi lascio Cullare dalle Onde Celestiali,
Voglio afferrare solamente il Sole
e con la Pace verso la vita,
Voglio cantare la mia vera Passione!
Sono tante le vie della legge
ma io vedo solo Miseria
e col mio solo Argomento,
Voglio posare li,
dove nasce un fascio di luce
una bella Canzone.
Che sia forma di pace Interiore
e col Canto che proviene dal Cuore
Voglio portare un fiore Rosso
sopra la vita volata,
Essere coerente che tutti siamo Anima libere
e col mio solo pensiero
oltrepassare la barriera proibita...
Lasciare un ricordo della mia Memoria,
restando ferma su questa Terra!
Alla mia vita un Cuore Nuovo

che sia anche di colore Naturale,
perché solo cosi posso vedere
la scia del pensiero Pulito!

ALLA VITA UNA VERA LODE

Un angolo di cielo apre un cuore,
pieno è il suo sviluppo
dona pace e trasmissione.
Un valore si espone con vera logica,
non un vedere solo per comodo
ma un dire grazie
alla sua immensa gioia.
Alla vita un concerto pieno di pietanze,
possa un sogno essere grande
non solo per la propria vita,
ma soprattutto per coloro
che hanno veramente dolore.
Una vita si apre oltre un confine,
non è una fantasia biologica
ma Amore e speranza,
un angolo di cielo
che apre le braccia alla vita Reale.

ALLELUIA AL NOSTRO SIGNORE

Alleluia al Nostro Signore
Creatore dell'universo
e Amore vivo.
Alleluia alla sua vita mai partita,
alla sua Creazione
e alla sua vera posizione.
Un vuoto pervade alla vita,
vuole solo posare un cinguettio
e un volere volare,
per toccare la sua pace
Eterna pace e vitae
della sua resurrezione.
Un cuscino di rose
vorrei far volare per mia madre
e poi accarezzare
la sua immensa pace.
Un volo si propone per avere
il risveglio della reale vita,
si vuole proporre per aprire la pace
sopra polvere di stelle.
Sia per indifferenza,
sia per un motivo sconosciuto o risaputo...
Nulla conta alla terra Madre che pare dormire.
Nulla conta al respiro imprigionato,
nulla resta sulla soglia del dolore,
solo una piccola pillola da far volare al cielo
per vedere nascere un sospiro di sollievo

sopra nuvole aperte al cielo.
Un angolo di poesia per aprire la mia partita
e proseguire con passi che volano
verso l'infinito.........

ALTARE ALLA SOGLIA DEL PENSIERO

Una pace attraversa le mie stanze,
una vera poesia fatta di parole,
nasce come spiga di grano.
Un sogno che apre la porta del cielo
come se il mio valore
fosse stato accarezzato,
un piccolo tocco di campane
per sentire il mio fiato.
Attraversare strade pieni di tulipani,
ove il colore apre la mia vita
come se boccioli si aprissero
lungo il mio sentiero di vita.

AMO IL CIELO

Un cuore si apre alla vita,
nasce come potere nascosto
e vive per l'eterna vita.
Nasce come seme
e apre l'aria del pensiero,
sono parole piene di Amore,
sono vele al vento,
cantano la sua Gloria.
Amo il Cielo,
Amo la sua Vita,
porto al Sole il mio Amore,
accarezzo il suo volto
e poi volo come chimere...
Nella sua Maestà,
porterò in vita il suo sorriso,
lo toccherò con ali di carta
e poi ascolterò il suo cuore.
E' vita aperta sopra la vita
è vivo pensiero,
colora la vita Reale
dona Pace e una carezza leggera,
come se fosse un poeta e uno scultore,
dipinge la sua immensità...

ANCHE IL DOLORE FA PARTE DELLA VITA...

Un dolore è vita!
Appartiene alla nostra emozione,
ci sono giorni che sembrano neri,
e poi ci sono giorni
che attraversano il Cielo
con gli occhi lucidi...
Tutto è vita!
persino i ricordi di chi non c'è più,
ricordi che affiorano,
e poi tanta Gioia
di aver vissuto attimi Belli
e pieni di Amore,
anche questi sono ricordi
da tenere al Cuore
e non solo la partenza.....
Teniamo alto il vero valore della vita
e poi la vita diventa anche pensiero pulito,
come se uno sfogo fosse un saluto al Cielo.

ARCOBALENO

Un colore attraversa l'orizzonte
apre un colore pieno di luce,
sono vivi colori che scendono dal cielo,
come se l'aurora fosse raccolta
in un fascio di luce.
Una vetta si apre sopra un confine
per distribuire i colori della vita,
piena è la gioia
di questo immenso valore,
pare sia pace
che attraversa l'organo della vita.
Alla vita un fiore
che sia crescita e tanta stima
per se stessi e per tutti coloro,
che vedono questo colore
come un vero paesaggio
di una Celeste malinconia.
Attraversare prati verdi
senza pensare di calpestare il seme,
ma solo sfiorare con organza e naturalezza
la sua espressione di vita.

ARIA GIRA ALLA SORGENTE DELLA VITA REALE

Una vita si apre
alla sorgente del mio pensiero,
posa il suo tocco
per vedere nascere amore,
una vita si apre alla
veglia della sua memoria,
vuole accarezzare il mio confine.
Alla sorgente della purezza
solo un vero trionfo.
Una leggera piuma da posare
lungo un ruscello,
vedere sparire
l'indifferenza della prassi
che voleva solo posare un falso pensiero.
Nulla vale
se si vuole scappare alla passione.
Poiché il valore nutre
solo dal vero sentimento.
Un'asola si apre sopra l'infinito cielo
vuole posare un veliero fatto di rose
per regalare solo amore,
un solo tocco per aprire la vita,
ove una sola era la sua parola,
L'Amore!

ARIA PIENA DI PASSIONE

Aria leggera sopra questa terra
un solo volo per toccare la tua croce,
per posare sotto i piedi tuoi
il mio risveglio.
Possa tu Gesù toccare tutto il dolore
che attraversa la terra,
donare al mondo una vera Creazione
e un risveglio totale
della tua Santissima Misericordia.
Possa la tua pace attraversare
strade deserte
e con il tuo Amore colmare tutti i vuoti.
Sono vuoti di dolore
che toccano il cuore delle persone,
sono solitudine e indifferenza.
Un solo grido al cielo per dire:
Padre del cielo pensaci tu!
Amen !

ARRIVA UN FILO DI EBBREZZA...

Arriva un filo di ebbrezza
sopra una vita aperta al Cielo,
un canto pieno di grano,
una rinascita aperta per la vita.
Un velo trasparente coperto di Aurora,
un violino apre musica al Cuore,
posa un piatto pieno di nuvole
sopra un fiore già aperto.
Arriva un filo di ebbrezza
sopra un Cuore aperto,
un fiore Benedetto si apre
per vedere il Sole sotto il Cielo.
Un trofeo, per vedere sorgere musica
piena di Pace e Amore,
sorge insieme al Sole
e canta con le stelle...

BENEDICTA MARIA E LA INTERCESSIONE ECCLESIASTICA

Benedicta tu Maria madre del Manto
e dell'infinito cielo,
posa sopra questa terra fiumi di pace.
Avvolgi le insofferenze col tuo Manto Dorato
e dona la pace dentro ad ogni cuore offeso.
Porta un'infinita gioia ove il dolore preme
e con il tuo beato Amore
porta il pane per i bimbi che hanno fame.
Ascolta Madre la mia preghiera
e rendi grazia al mio canto,
poso sotto la tua veste da Regina
tutto il mio amore,
e poi accarezzo il tuo pianto di Madre offesa.
Amen

BUONA GIORNATA COL SOLE TRA LE MANI

Buongiorno a questo sole
scalda la terra e i Cuori,
sono raggi che avanzano
per vedere un sorriso aperto sopra la vita.
Buongiorno bella gente,
la vita è bella!
Se la prendi con rispetto.
Pare sia una vita aperta di pace,
tutto è piccolo se lo guardi da lontano
ma poi arriva il Sole,
e porta vicino il colore dell'amore,
dove le viole si aprono e tanti colori danzano...
Sono valori che nascono
se accarezzi la tua stessa vita...

BUONGIORNO ALLA VITA

Un sole pone la sua vita al risveglio
di questo passaggio,
pone la sua rinascita sopra la terra,
un cielo si apre e la corte
porta la vita alla luce.
Piccolo Bambinello viene alla luce,
posa la sua stessa vita sopra la terra
per vedere sorridere la sua potestà
di Padre Imperiale e uomo già Nato.
Mare in tempesta e nuvole nere
per il Bambinello,
pone la luce e altri vogliono il suo dolore.
Potevo pensare alla vita come ad una piena gioia,
ma l'inganno lo voleva sterminare
per uccidere l'Amore.
Non sono fantasie le favole e le Tavole,
non sono obesità da fare scalare,
non sono sconfitte da dimenticare,
eppure la libertà era stata accusata!
Sono poco accorta a valutare
ad un compromesso
sono poco valorosa a pensare
ad una vera vittoria
della dittatura poiché l'amore nasceva
e l'odio lo voleva ammazzare.
Poso a questo volume di veduta una poesia
che pare essere favola,

e intanto l'amore cresceva
per salvare il mondo.
Poso la mia veduta come colomba smarrita,
vedo un pensiero che aleggia alla mia mente,
povero è il governo che Credeva
di sterminare l'Amore,
poveri sono Coloro che hanno dato dittatura
alla loro falsa veduta
e poveri sono Coloro che hanno Creduto
che il mondo è stato colpevolizzato
dalla sua nascita.
Pensieri pieni di luce passano alla mia mente,
poiché il riso è stato offeso,
il suo sorriso perdeva valore del suo valore,
Creato per vedere luce e passione
ove non c'era Amore.
Poso a questa veduta la mia solo poesia
e come se una colomba fosse nata al cielo
senza pensare di offendere la vita.
Non sono poesie di raccolta,
non sono poesie di *incrementazione*
e non sono pillole da far volare.
Perché la vita cresce e il dolore non cessa,
non per la sua nascita,
ma per la falsa attribuzione.
Poesia nata per vedere
sorridere il mio Bambinello
sotto un cielo stellato e pieno di calore vivo,
poso a tutti un saluto

e con la mia ala volo via al cielo,
pensando che un giorno il dolore cessi da solo,
poiché la vita vola e la mente rimane
alla persona stessa.
Poso un saluto con le ali da colomba
e col petto pieno di amore
dono alla vita una bella vista,
che sia un ricordo da tenere al petto.
Non sono lunghe le vie del Signore
ma sono Eterne, e perciò tutti coloro
che vedono il suo Amore come vita Eterna,
vedono il suo risveglio come una vera Nazione.
Poso alla croce una bella mangiata di stelle
per vedere sorridere il cielo
e poi volo al cielo con le ali aperte,
poiché la mia colombella è viva
ed io vedo sopra il cielo la pace e l'amore.
Lodato è il Verbo e la sua rinascita.
OH Ave Maria, Celeste Madre Benedetta
apri le braccia sopra questa terra
e abbraccia noi come il tuo Bambinello,
oh Ave Maria Celeste Madre
apri a noi il tuo Manto Dorato
e Benedici il nostro entusiasmo
di aver Creduto a tuo figlio Gesù Bambino.
Posa a noi il tuo dolore
e accogli la nostra beata preghiera
e insieme Cresceremo nella via della purezza.
AMEN

CADE RUGIADA LUNGO UN SENTIERO...

Cade un velo che pone trasparenza,
una piccola goccia sopra l'oceano,
mare aperto verso la libertà del pensiero.
Un piccolo paese si affaccia
alla nascita della speranza,
come se fosse un richiamo
del Dio Amore.
Una sola veduta,
per pensare che nulla smette di esistere
se apri il cuore
e anche la vera speranza.
Una piccola particella di rugiada
per svegliare l'intimo che dormiva,
solo poesia,
per vedere nascere il vero valore,
nutre al vero prospetto
se apri il cuore e non il dubbio
che non vale a niente.
Solo un passero che vola
per portare Aurora sopra un confine
pieno di dubbi,
e poi con le ali aperti vola al cielo
per cantare con allegria,
spezzare le catene e posare Rugiada
dove un suono pareva essere dimenticato.

CANDIDO FIORE ALEGGIA COME VITA...

Colorare le strade di Betulle,
Ascoltare il vento...
Come se tutto fosse
vita Aperta alla mia logica.
Porre la melodia che il Cuore mio Sente,
e con tanta forza Volare sopra l'Oceano
per Spargere Fragole.
Ove un sussurro prevale
voglio fare un sorriso,
Porgere la mia Pace
come un vero Organo aperto
verso la sua Maestosa Pace.
Ascolto un Cuore Grande come il Mare
e lo faccio Volare con Ali aperti al Cielo,
Perché solo così posso vedere la mia Pace,
portando alla luce il suo Colore
come forma di rispetto e tanto Amore!

CANDIDO VELO SCENDEVA...

Candido velo scendeva dal Cielo,
era un colore che apriva un sorriso,
pareva estate sotto un Cielo pieno di nuvole.
Mi avvolgeva il suo Calore,
come se un sogno aprisse le porte del Cielo.
Candido velo posava una carezza
e poi soffiava il vento...
Per portare Aurora sopra il Monte,
era aria di purezza
e il colore pareva parlare...
come se un Oceano
si apriva sotto la mia vista,
era la mia pace che volava sopra onde,
si cullava di aria pulita, e poi,
afferravo il suo sorriso,
come se fosse farfalla, libera di volare,
era il mio retino che volava,
era la mia mente,
che prendeva il suo sorriso, e con Amore,
lo avvolgevo al cuore mio!
Era un colore di Madre,
Mi cullava come se io fossi
la sua piccola bimba...

CORPO DI CRISTO

Ero un candido Fiore aperto per la vita,
vedevo sostenere solamente il vento del Valore perso.
Ho Creato un Varco di Potenza
per vedere angoli aperti verso il Reale Rinnovamento
e col Cuore Pieno di Amore ho dato Pane e Vino.
Piangevo di Dolore quando ho visto Cadere l'Amore
e poi ho Toccato le acque del Mare per Sentire vivo il Mio Respiro.
Posavo un seme Grande per vedere nascere potere Magico.
Ho dettato le Tavole e il mio modo era eclatante.
Ascoltare la voce dal nulla e come se un Albero parlasse,
ho posato ogni Giorno un comandamento
per vedere il mondo rialzarsi dal Dolore.
Ho dettato ogni Sillaba e il Sole era pieno di Amore,
oggi colgo solamente piccole perle e con il Cuore stanco dico:
Svegliatevi che il Peccato è forma di scarsa valutazione,
quando il cielo aprirà le sue Braccia e sarà Giunta la vostra ora,
io Respirerò l'amarezza del peccato
e solo il vero Sentimento Salirà a me.
Senza essere un Giudice,
ma Solamente un Padre che Apre le braccia alla vita volata.
E che voi stessi sarete giudicatori del vostro peccato
e poiché io Sono un Vero Valore,
ascolterò le vostre parole e solo dopo aver Capito
che siete puri di Animo Salirete a me senza Peccato,
dopo aver udito la vostra voce e con l'anima piena di Amore

avrete detto “Padre Io Ti Amo”.
Discenderò senza esitare e col mio Corpo Ti purificherò da ogni peccato.
Salirete a Me come anime libere della vostra scelta
ed io Sarò un Padre felice di aver Salvato la vostra Anima.
Porterò il vostro Valore a Me che ho ascoltato
il vostro Reale Sentimento e perciò in Verità Io Dico:
Siate Buoni con voi stessi e Amate la vita.
Porgete un sorriso a chi ha dolore ed insieme un domani
Canteremo la Gloria e il Vero Amore.” Amen”

COSA È LA VITA?

Una pace che porta alla persona stessa,
un canto che apre le braccia
verso l'infinito Cielo,
un sussurro di aria che aleggia
per assaporare la Reale vita.
Angoli di vita che aprono la speranza
come se tutto fosse sogno e poesia,
colorare l'aria di Rugiada
e sentire il fresco profumo del mare.
Accarezzare un fiore,
come se fosse seta sotto mani stanche
e con l'aiuto della mente aperta
colorare angoli dimenticati,
che sia pace al Cuore
e tanto rispetto della vita,
donare una parola per vedere un sorriso,
posare un fiore sopra il viso di una Mamma.

COSA SONO LE ALTITUDINI DELLA VITA?

Una vita aperta per vedere un velo
pare sia costanza e passione,
per poter esprimere la logica
di un vero rapporto.
Nutre lo spirito
e rafforza la potenza della propria anima,
aleggia la vita con ali di trasparenza,
vedere la gioia
ed esprimere la vera logica della sua potenza.
Angoli socchiusi come ali
che perdono valore,
e poi un grande valore creativo
per vedere sorgere la vita vera.
Quella che sorge come potenza,
apertura della coscienza
e nutrimento del proprio valore.
Creazione di vita che apre le ali libertà...
Suona il mistero
e cresce un fiore di loto
dentro un cuore chiuso,
sono angoli di pace
che portano in alto solo il bello della vita.
La creazione del proprio organo aperto
per vedere nascere un colore unico,
che sia trasparenza,
nella vita e per la vita che nasce
come un fiume di potenza personale.

EPPURE IL VENTO SOFFIA...

Soffia il vento
contro le pareti della vita,
soffia verso la vita,
agisce come scudo.
Eppure il vento soffia
e vedo un muro costante
contro il reale concerto,
sono cause di rottura,
sono cause di astuzia infantile
e poi sono trasmissione
di un falsa logica.
Eppure un muro esiste
sotto questo Cielo,
è l'astuta consapevolezza
di chiudere il cuore,
è il trabocco delle idee false
contro una logica,
che non vuole posare lo sguardo
ove il sole nasce.
Esiste la vita e la natura,
ed io vedo un uomo duro
come un sasso,
vedo un granello di sabbia
pieno di Amore.

Nasce come vera speranza per la vita,
toccare quel minuscolo granello
e accarezzarlo per tutta la vita.

ERA UN CANTO...

Era un canto,
arrivava da lontano,
erano stanze colorate
di azzurro cielo.
Pareva un fiore aperto
sotto un valore che nasceva,
era poesia aperta per la Gloria.
Un vero fiore nasceva,
come se tutto fosse
un valore innato,
nasceva sopra il monte degli ulivi.
Tutto era colore,
persino il mio risveglio.
Era fiume aperto per la vita e la pace,
era brivido di calore
e un'immensa gioia,
era persino stupore,
e poi la vita mia volava al Cielo,
come se una farfalla aprisse le ali
verso un mondo pieno di valore....
Era pietà Celeste e tanto Amore.

ERA VITA APERTA...

Era vita aperta
per vedere nascere semi di lino
lungo strade piene di favole.
Era un colore
che attraversava la speranza,
e poi, era stupore aperto
al mio solo pensiero
di una logica acquisita.
Conteneva voli e parole,
aperte alla mia piccola mente,
era persino fiume aperto,
per vedere angoli di cielo
appesi come cappelli.
E poi pareva un trionfo
pieno di evoluzione e Amore Reale
a questo mio pensiero fiabesco,
con cautela apro un cielo nascosto,
accendo la luce del mio cuore.....

GABBIANI...

Gabbiani volano sopra l'Oceano,
sono ali aperte verso la pace,
sono piume colorate di purezza,
un fiore aperto sotto le loro ali.
Vola la colomba,
sotto le ali della speranza,
si accosta con maestria
alla sorgente della vita,
un ala sospesa verso l'azzurro
e l'altra tra le ali del Gabbiano.
Sono anime aperte
verso il ritrovo della propria coscienza,
sono piume colorate di betulle
per vedere nascere
Purezza dalla Madre terra.
Un Cuore aperto,
per vedere un fiore sbocciare
sopra le ali della colomba.

IL SOLE SPLENDE

il Sole splende come luce diretta
sopra la pace e l'Amore,
in questo giorno il sorriso si accende
sopra le vie della saggezza.
Possa un Cuore aperto vedere
il vero senso della vita,
possa la vita
vedere il senso della Pace nel Cuore,
e come colore acceso brillare di luce propria.
Un vero Nutrimento che riempie l'anima
ed il Cuore di questo immenso Valore.
Nasce come un suono
e con dolcezza si posa dove un Cuore piangeva,
vita aperta per vedere sorgere
la speranza che non è mai partita,
ma vive dentro l'Anima.
Come fosse poesia da leggere con interesse,
apri l'occhio del Cuore
e un canto si posa come uno sviluppo Ricreativo.
Non esiste il bene e il male,
esiste ciò che tu pensi,
poni alla mente il valore dell'Amore
e un valore crescerà come spiga di Grano,
sono semi Naturali
che vibrano dentro il tuo essere.
Devi solo aprire il fiore che c'è dentro di te

e con gioia cantare il valore che nasce,
un fiore di loto sopra un pensiero
che era socchiuso dal valore posato.

LUCE CADUTA DAL CIELO

Ho ascoltato il tuo pensiero
come fosse aria da respirare,
ho sentito un battito al cuore
come fosse una vita volata via.
Ho posato il mio pensiero sopra il tuo,
è come se l'aria mi portasse via
una luce che si spegneva,
come se la mia vita fosse volata
sopra un cielo aperto.
Provo solo col mio piccolo pensiero
a portare la mia voce sopra una nuvola,
voglio posare solo l'amore di questo volo
sopra una scintilla.
Perché solo così tu la puoi vedere
come fosse luce caduta dal cielo.

LUCE CHE SPECCHIA

Ho assistito ad uno sviluppo,
dove solo la luce che penetra dentro l'Anima
può agire come uno sviluppo Creativo,
ove il sole sorge la vita prende uno scopo.
Una visuale coerenza per essere nata al mondo,
per creare uno sviluppo
e una concretezza di virtù,
dove la vita
pare essere nata oltre un pensiero disperso,
la mia vita prende valore.
Ho posto davanti al sole
luce che specchia dentro il mio animo
e poi ho visto un piccolo spiraglio
dove solo la luce che scende dal cielo
poteva fare prevenire,
per essere posata dentro il mio cuore,
ossia l'Amore contro ogni incertezza,
di una visuale ostruita di un pensiero denutrito.
Ora che sorge il sole
le mie mani sono aperte al cielo
e pongo il mio pensiero dove nasce il sole,
ossia sotto il cielo coperto di mille colori.

MADRE SEI MISERICORDIA

Madre sei un vivo pensiero,
sei L'Amore e la gioia,
candida sposa del nostro Signore,
un vivo pensiero aperto per la gloria.
Fiumi di pace attraversano l'Orizzonte,
sono carezze del tuo immenso Amore,
Candida come un fiore apri i Petali
per portare Carezze e Passione Divina.
Sorge il sole sotto il tuo Manto Dorato,
accarezzi la vita aperta al Cielo
e con dolcezza spargi petali di rose.
Sono pietanze Reali
per portare un Cuore nuovo
sopra una vita socchiusa,
sono Parole
che accarezzano la pelle offesa
e poi come germogli si aprono
le vie del Nostro Signore.

OGGI SONO CAMPO APERTO...

Alla vista aperta fiori sparsi
lungo un sentiero,
sono colori aperti
per vedere nascere fiori.
Alla mia vista un colore di bontà,
colorare il Cielo di Rosa Antico,
coprire le foglie di rugiada
e poi cantare come un'eco...
A te Padre Mio il mio saluto,
che possa arrivare a te
come un Candido Giglio
aperto per la tua Gloria.
Amen Padre Mio!

ORA LO SO COSA È IL CANTO AL CIELO!

Avere la vita aperta
per gioire di sole pane e acqua,
ma col cuore gioioso.
Cantare l'amore Reale
sopra un vero fiore.
Aperto è il Cielo.
E’ una corona senza spine,
è un nutrimento della propria vita,
e con candore nascere
come una vita nuova
ma dentro la propria vita.
Un Canto benedetto
aperto per la Gloria
e poi risorgere come il Sole,
piccoli come una luce
ma accesi di Amore.
Un fiore aperto,
verso il rinnovamento
del proprio essere...

PENSIERO STUPITO

Un sorriso appeso al velo della speranza,
aria di un valore immenso suona alla mia corte,
aleggia un fiore pieno di profumo.
Un canto apre il mio sorriso,
sono nuvole piene di passione,
un fiore costeggia lungo il pensiero
e poi la mia anima Canta,
come se tutto fosse realtà aperta
per vedere tanti semi sparsi
lungo strade offese dal materialismo.
Sono piccole perle schiacciate dall'ipocrisia,
sono momenti da correggere
e fare finta che l'ignoranza non esiste
perché la bontà è amore
e cuore aperto per la Gloria.
Astuti sono coloro che pensano
che la vita è solo in questa terra,
la loro astuzia sarà falsa come i loro pensieri,
poiché nella vita si diventa persino favola aperta,
e poi voglio vedere il sorriso
di coloro che erano stati offesi.
Voglio vedere una lacrima sopra la loro falsità,
un sorriso al posto del pianto
e un dolore al posto della preposizione.
Un fiore per coloro che avevano perso ogni speranza
e un colore restituito per coloro che peccano di realismo.

Posizione di logica aperta sotto un cielo,
pieno è lo sviluppo della vita,
pieno è il suo significato;
oggi leggo una sola frase al Cielo: Beati gli ultimi,
perché saranno i primi ad avere il mio abbraccio.
Beati coloro che hanno dolore,
perché saranno saziati del mio pane e del mio vino,
saranno protetti dal mio solo Amore!

PICCOLA PACE ORNAMENTALE

Alla nascita del pensiero
un canto pieno di pace,
aurora sparsa sopra campi di grano.
Ausiliatrice di Maria Regina della Pace,
piccola colomba
aperta per la Gloria del Padre.
Un canto aperto
e tanti fiori benedetti
scende come trionfo di pace
e asciuga il dolore,
posa un chicco di frumento
per dare nascita alla parola.
Un fiume aperto
per vedere nascere
poesia viva,
sotto il cielo coperto di stelle,
luce accesa e tanto colore,
per vedere nascere boccioli
di colore vivo.
Apro le braccia
e canto la sua Gloria
E poi mi accosto
come un trionfo di pace,
nata come forma di rispetto
e vera Creazione.

UN CANTO CHE SIA COME SORGENTE DI VITA

Piena è la grazia della mia evoluzione,
piena è la misericordia Divina,
poso un fiore al Cielo,
con Amore lodo la vita
e il tuo grande Nutrimento.
Un *locro* da portare in vita
come se tutto fosse
una sorgete aperta per la tua Gloria,
un canto col cuore aperto
per vedere aprire il tuo sguardo offeso.
Un canto come sorgente di vita
si apre sotto le mie mani,
lo faccio volare a te Padre mio
e con candore accarezzo il tuo corpo offeso.
Sia sempre rispetto per la vita,
sia crescita per vivere senza vergogna,
ma solo col cuore aperto nella tua Gloria.
Padre mio ti hanno offeso come un traditore
e invece era solo Amore Reale,
Padre ti hanno accolto come un misero profeta
e invece eri la Reale Parola,
Padre perdona le loro offese
e torna sulla terra per Salvare il Mondo.
Decade tutto a questo loro pregiudizio,
e tu sei candore aperto per vedere la vita
come fonte di sorgente,

acqua Santa Padre sulle vite offese,
acqua Santa nella vita oppressa
e poi col tuo Sangue Benedetto
apri il Vero valore della Vita.
Il tuo Amore Mai partito!
Amen

www.ingramcontent.com/pod-product-compliance
Ingram Content Group UK Ltd.
Pitfield, Milton Keynes, MK11 3LW, UK
UKHW020235250726
13967UKWH00001B/386